AF235589

Für meinen Mann, der für mich die beste Inspiration und die größte Unterstützung der Welt ist.

Melina Jipp
Geld anlegen kindgerecht erklärt

Bibliografische Information der Deutschen Nationalbibliothek:
Die Deutsche Nationalbibliothek verzeichnet diese Publikation in
der Deutschen Nationalbibliografie; detaillierte bibliografische
Daten sind im Internet über http://dnb.dnb.de abrufbar.

© 2018 Melina Jipp

Herstellung und Verlag: BoD – Books on Demand, Norderstedt

ISBN: 978-3-7528-5455-8

Das ist Marcel, er ist 12 Jahre alt.

Marcel spielt gern und viel an seiner Konsole. In einem Laden hat er ein tolles Spiel entdeckt, das er unbedingt haben möchte. Leider kostet es 70,00 Euro. Soviel Geld hat Marcel aber nicht, eigentlich hat er gerade überhaupt kein Geld. Darum beschließt er, seine Eltern zu fragen, ob sie ihm das Spiel kaufen.

Die Eltern setzen sich gerade an den gedeckten Frühstückstisch. Auch Marcel nimmt Platz und wendet sich fragend an seine Mutter.
„Mama, ich habe gestern im Laden ein neues Spiel für meine Konsole entdeckt. Ich hätte es so gern, aber ich habe gerade keine 70,00 Euro, könntest du es mir bitte kaufen?"

„Nein, Marcel, wenn du das Spiel haben möchtest, musst du selbst dafür sparen. Du bekommst schließlich 20,00 Euro Taschengeld. Wenn du davon etwas sparst, kannst du dir dein Spiel in einiger Zeit selbst kaufen."

Vom Sparen haben Marcels Eltern schon oft gesprochen, aber so richtig verstanden, wie das geht, hat Marcel noch nicht. Seine Mutter erklärt es ihm.

„Du bekommst 20,00 Euro Taschengeld im Monat. Jetzt musst du dir überlegen, wofür du im Monat Geld ausgibst. Je weniger du ausgibst, desto mehr Geld kannst du für dein Spiel sparen und desto schneller hast du die 70,00 Euro zusammen."

Marcel überlegt.

„Ich kaufe mir jede Woche meine Fußballzeitschrift für 2,50 Euro am Kiosk. Das sind insgesamt 10,00 Euro im Monat. Das heißt, ich habe am Ende noch 10,00 Euro übrig und die kann ich für mein Spiel sparen."

Die Mutter nickt und schlägt vor, die 10,00 Euro, die Marcel ab jetzt sparen möchte, auf sein Girokonto bei der Bank zu bringen. Bevor Marcel zustimmen kann, wendet sich der Vater an die Mutter.

„Wenn Marcel sein Geld auf dem Girokonto spart, bekommt er doch gar keine Zinsen. Er sollte sein Geld nicht nur sparen, er sollte sein Geld anlegen."

Marcel versteht nur noch Bahnhof. Sparen, anlegen, Zinsen? Er bittet seinen Vater darum, ihm zu erklären, was er meint.

„Es gibt verschiedene Möglichkeiten, sein Geld zu sparen und es anzulegen. Sparen bedeutet nur, dass du regelmäßig einen Betrag, in deinem Fall 10,00 Euro, nicht ausgibst. Wenn du die 10,00 Euro jeden Monat in ein Sparschwein steckst, hast du nach einiger Zeit eine große Summe zusammengespart. Nach einem Jahr, also 12 Monaten, hättest du dann insgesamt 120,00 Euro zusammen, die du für dein Spiel ausgeben kannst."

Marcel staunt nicht schlecht, denn 120,00 Euro sind für ihn viel Geld und ihm fallen viele tolle Dinge ein, die er sich davon kaufen könnte.

„Aber Papa, warum hast du dann gesagt, ich soll mein Geld nicht nur sparen, sondern es anlegen? Und was bedeutet das überhaupt?"

„Beim Sparen sammelst du nur eine Summe an. Wenn du dein Geld anlegst, bekommst du zu deiner gesparten Summe noch Geld dazu. Die Bank, bei der du dein Girokonto hast, bietet zum Beispiel auch Produkte an, bei denen du Zinsen bekommst. Du könntest dort dein Geld auf ein Sparkonto oder auf ein Tagesgeldkonto sparen und bekommst dann am Ende des Jahres Zinsen. Zinsen sind Geld, das dir die Bank zahlt, wenn du das Geld bei ihnen anlegst und sie sind meist in Prozent angegeben. Wenn du also 120,00 Euro anlegst und die Bank dir 1% Zinsen zahlt, hast du am Ende 121,20 Euro. Die Bank gibt dir also noch 1,20 Euro zu deinem Geld dazu. Je länger du dein Geld dorthin sparst und je höher deine angesparte Summe ist, desto höher ist auch das Geld, das dir die Bank bezahlt."

Marcel nickt, er möchte auch gerne Zinsen bekommen.

„Papa, warum haben wir denn überhaupt ein Giro-konto, wenn uns die Bank da keine Zinsen bezahlt?"
Sein Papa lacht.
„Das Girokonto bietet die Bank für unsere Geldge-schäfte an. Mein Chef schickt mir mein verdientes Geld elektronisch auf mein Girokonto und unserem Vermieter schicke ich von meinem Girokonto die Miete an sein Girokonto. Zu meinem Girokonto habe ich auch eine Karte, mit der ich zu jeder Zeit Geld von meinem Konto bekommen kann, dafür gehe ich dann zu einem Geldautomaten. Weil die vielen Geldge-schäfte auf einem Konto sehr aufwendig sind, zahlt die Bank uns für das Girokonto keine Zinsen. Dafür kön-nen wir vom Girokonto unser Geld zu jeder Zeit hin und her schicken."

Marcel überlegt, er möchte seine 10,00 Euro lieber nicht auf sein Girokonto sparen, wenn er dort keine Zinsen von der Bank bekommt. Sein Vater hatte von einem Sparkonto und einem Tagesgeldkonto gespro-chen, davon hat Marcel aber bisher noch nichts ge-hört.
„Was genau sind denn ein Sparkonto und ein Tages-geldkonto?"
Seine Mutter erklärt es ihm.
„Das sind beides Konten, auf denen man sein Geld spa-ren und anlegen kann, also Zinsen bekommt. Du kannst bei beiden Konten an jedem Tag so viel Geld einzahlen, wie du möchtest und kannst dir jederzeit dein gespartes Geld abholen, wenn du welches brauchst.

Beim Sparkonto musst du allerdings 3 Monate vorher der Bank Bescheid sagen, wenn du mehr als 2000,00 Euro abholen möchtest, beim Tagesgeldkonto kannst du jederzeit jede Summe, egal wie hoch, abholen.

Dafür kannst du dir vom Sparkonto dein Geld in Scheinen und Münzen abholen. Bei dem Tagesgeldkonto wird das Geld, das du brauchst, elektronisch auf dein Girokonto geschickt, von dem du es dann abholen kannst."

„Mama, könnte die Oma dann auch das Geld, was sie mir zum Geburtstag geschenkt hat, auf das Sparkonto oder das Tagesgeldkonto schicken?", will Marcel wissen.

Die Mutter nickt.

„Ja, jeder kann dir Geld auf dein Spar- oder Tagesgeldkonto schicken, das nennt man überweisen."

„Könnte ich dann auch dem Tobias vom Sparkonto oder dem Tagesgeldkonto Geld überweisen, wenn er mir welches geliehen hat, damit ich meine Fußballzeitschrift kaufen kann?"

„Das geht leider nicht, Marcel. Du kannst von keinem der beiden Konten Geld an eine andere Person überweisen. Überweisungen an andere Personen kannst du nur vom Girokonto verschicken."

Jetzt weiß Marcel, was ein Girokonto, ein Sparkonto und ein Tagesgeldkonto sind. Er überlegt, wie er nun am schnellsten die 70,00 Euro zusammenbekommt, damit er bald sein Spiel kaufen kann. Der Vater unterbricht ihn in seinen Gedanken.

„Marcel, kannst du bitte dieses Paket zu deinen Großeltern hinüberbringen. Ich habe es gestern für sie angenommen."

Marcel erklärt sich gern dazu bereit, schließlich gibt es bei seinen Großeltern immer so leckere Kekse und Gebäck.

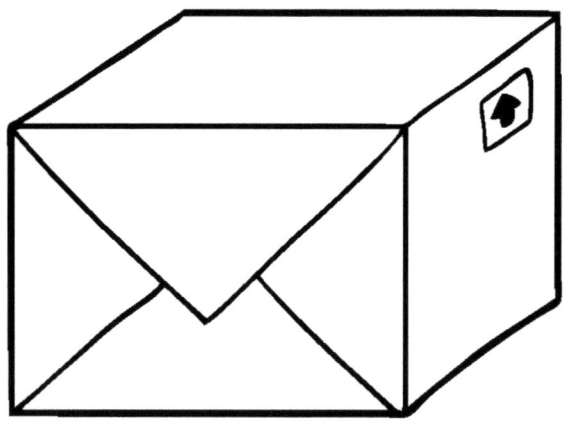

Marcels Großeltern wohnen in der selben Straße, in der auch Marcel wohnt. Deshalb steht er auch schon nach drei Minuten vor ihrer Haustür und drückt auf die Klingel.

Der Opa öffnet ihm die Tür und freut sich sehr, Marcel zu sehen.

„Ah, da ist ja mein Paket. Da ist eine richtig gute Heckenschere drin, die ich mir bestellt habe. Dafür habe ich extra ein paar Monate lang gespart."

Als Marcel ihn fragt, ob er mit einem Sparkonto oder einem Tagesgeldkonto gespart hat, ist er etwas verwundert.

Die beiden setzen sich zur Oma an den Küchentisch und Marcel erzählt, was er gerade über das Geld anlegen gelernt hat.

Seine Großeltern nicken, auch sie sparen und bekommen dafür Zinsen. Marcel fragt, ob sie dann nicht schon eine riesengroße Summe zusammengespart haben müssten, weil sie ja schon so alt sind und deshalb viele Jahre Zeit zum Sparen hatten.

Da müssen die beiden lachen und die Oma erzählt ihm, dass es für große Summen, die man schon zusammengespart hat, andere Möglichkeiten zum Geld anlegen gibt.

„Ich habe bereits 10.000,00 Euro angespart und die habe ich auf einem Festgeldkonto angelegt. Ein Festgeldkonto ist ein Konto, auf das man einen festen Betrag Geld einzahlt und für eine bestimmte Zeit dort lässt, ohne etwas davon abzuholen und auszugeben. Dafür bekommt man höhere Zinsen als zum Beispiel bei einem Sparkonto. Ich habe mit meinem

Bankberater vereinbart, dass ich die 10.000 Euro fünf Jahre lang nicht abhole, sondern auf dem Konto liegen lasse. Dafür zahlt mir die Bank 5% Zinsen jedes Jahr. Im Gegensatz zum Tagesgeldkonto und Sparkonto darf die Bank den Zinssatz, also die 5%, in diesen 5 Jahren nicht verändern. Die Zinsen zahlt die Bank einmal im Jahr auf mein Girokonto, das sind dann in jedem Jahr 500,00 Euro. Nach den fünf Jahren kann ich dann ein neues Festgeldkonto anlegen, wenn ich möchte, denn die Vereinbarung mit meinem Bankberater endet automatisch."

Marcel staunt nicht schlecht, während sein Opa wissend nickt.

„Manchmal wird das Festgeldkonto auch Termingeldkonto genannt."

Leider hat Marcel noch nicht so viel Geld gespart, um schon ein Festgeldkonto zu eröffnen. Er möchte jetzt erstmal jeden Monat seine 10,00 Euro sparen und Zinsen bekommen, damit der sich so schnell wie möglich sein Spiel kaufen kann.

Dafür hat er jede Menge leckerer Kekse gegessen und schon ein bisschen Bauchweh, weshalb er sich schnell von seinen Großeltern verabschiedet und nach Hause läuft.

Als Marcel die Haustür aufschließt, sieht er, dass seine achtzehnjährige Schwester Sandra mit ihren Freundinnen Jessica und Jasmin am Küchentisch sitzt. Während sie an ihren Kaffeetassen nippen, diskutieren sie über die neuen Trends in der Herbstmode und darüber, welche Schuhe sie in diesem Jahr unbedingt noch kaufen müssen. Sandra schwärmt träumerisch von einem Paar weinroter Wildlederstiefel, die sie neulich im Schaufenster gesehen hat.

„Aber die Schuhe sind echt teuer, da muss ich noch ganz schön viel Geld sparen, bis ich die kaufen kann."

„Nicht nur Geld sparen, sondern auch Geld anlegen.", fügt Marcel hinzu, so wie er es heute gelernt hat.

Die Mädchen drehen sich verblüfft zu ihm um.

„Was weißt du denn über das Geld anlegen?", fragt Sandra überrascht.

Marcel erklärt den Dreien, was er heute über die verschiedenen Konten und über Zinsen gelernt hat. Die Freundinnen nicken, auch sie haben alle ein Girokonto. Sandra und Jasmin haben beide ein Tagesgeldkonto, auf das sie sparen und bekommen dort Zinsen. Jessica spart ihr Geld auf einem Sparkonto und auch sie bekommt Zinsen.

„Aber die Zinsen, die wir von der Bank für unser Geld auf dem Tagesgeldkonto und auf dem Sparkonto bekommen, sind uns zu wenig. Deshalb haben wir uns neben diesen Konten noch für andere Produkte zum Geld anlegen entschieden.", erzählt Jessica.

Sie berichtet, dass sie bei einem Sportwettbewerb gewonnen hat und als Preis für den ersten Platz 2000,00 Euro erhalten hat. Da sie aber schon selber spart und das Geld im Moment nicht ausgeben möchte, hat sie entschieden, ihre 2000,00 Euro in einer Anleihe anzulegen.

Davon hat Marcel noch nie etwas gehört.
„Was ist denn eine Anleihe?"
Jessica erklärt es ihm.
„Es gibt ganz viele verschiedene Arten von Anleihen. Wenn man eine Anleihe kauft, zum Beispiel von einer Firma, dann leiht man dieser Firma sein Geld. Dafür zahlt mir die Firma Zinsen und muss mir am Ende mein ganzes Geld wiedergeben. Manchmal ist das für die Firma günstiger, als bei der Bank einen Kredit aufzunehmen. Die Firma müsste sonst jeden Monat einen Teil vom Kredit an die Bank zurückzahlen. Bei der Anleihe muss die Firma nur einmal im Jahr Zinsen an die Käufer ihrer Anleihe zahlen und ihnen erst am Ende ihr ganzes Geld zurückgeben.
Wenn man von einer Firma eine Anleihe kauft, heißt diese „Unternehmensanleihe". Wenn ein Land eine Anleihe verkauft, nennt man diese „Staatsanleihe". Das sind aber nur zwei Arten, es gibt noch viel mehr davon."

Marcel findet das sehr spannend und will wissen, für welche Anleihe Jessica sich entschieden hat.
„Weil ich mich sehr für Sport interessiere, kenne ich einige Firmen, die richtig gute Sportbekleidung herstellen und verkaufen. Die Wintersport GmbH ist eine Firma, die seit vielen Jahren sehr erfolgreich ist und bei der ich und viele andere Sportler gern einkaufen. Als ich gelesen habe, dass die Wintersport GmbH eine

Anleihe verkaufen möchte, um eine ganz neue Art von Skistöcken herstellen zu können, war ich gleich interessiert. Auf der Homepage der Firma konnte ich mir die wichtigsten Zahlen und Daten zur Wintersport GmbH anschauen.

Ich habe mich dafür entschieden, die Anleihe zu kaufen. Die Wintersport GmbH kann nun drei Jahre lang mit meinen 2000,00 Euro und dem Geld der anderen Käufer die Herstellung der neuen Skistöcke bezahlen. In jedem Jahr bekomme ich jetzt 3% Zinsen, also 60,00 Euro, von der Firma auf mein Girokonto gezahlt. Nach den drei Jahren muss mir die Wintersport GmbH dann meine 2000,00 Euro zurückgeben."

„Aber wenn die Firma dein Geld zum Herstellen der Skistöcke nimmt, wie kann sie dir dann alles am Ende wieder zurückgeben?", wundert sich Marcel.

„Die Wintersport GmbH muss schon vorher Geld zur Seite legen, um sicher zu gehen, dass sie den Käufern ihrer Anleihe deren Geld zurückgeben kann. Auch dann, wenn niemand ihre neuen Skistöcke kaufen möchte.

Die Wintersport GmbH möchte mit den neuen Skistöcken aber vor allem Geld verdienen, bei Firmen heißt das „Gewinn machen". Von diesem „Gewinn" kann die Wintersport GmbH mir dann wieder 2000,00 Euro zurückgeben. Bisher waren sie immer sehr erfolgreich mit ihren neuen Ideen."

Da nickt Marcel, denn er weiß jetzt, was eine Anleihe ist und dass man sich gut über den Verkäufer informieren muss, damit man weiß, ob er einem sein Geld wieder zurückgeben kann.

Seine Schwester Sandra mischt sich ein.

„Also, mir sind 3% Zinsen zu wenig. Ich möchte für das Geld, dass ich im Moment nicht ausgeben will, lieber mehr Zinsen bekommen oder es auf eine andere Art vermehren."

Sie erzählt, dass sie neben der Schule in einem Geschäft für Kosmetik arbeitet, in dem viele verschiedene Firmen ihre Produkte verkaufen. Sie bekommt von ihrem Chef jeden Monat 400,00 Euro auf ihr Girokonto gezahlt.

Auch sie hat nicht viele Dinge für die sie Geld ausgeben muss, denn die Miete und das Essen bezahlen ja die Eltern.

Deshalb hat Sandra ihre 400,00 Euro aufgeteilt, sie lässt 100,00 Euro auf dem Girokonto, falls sie mit ihren Freundinnen in eine Cocktailbar gehen möchte und dafür spontan Geld zum Bezahlen braucht.
Dann spart sie jeden Monat 200,00 Euro auf ihr Tagesgeldkonto, damit sie auch mal eine größere Summe ausgeben kann, zum Beispiel wenn sie eine neue Handtasche kaufen möchte.
Danach hat sie noch 100,00 Euro übrig, von denen sie Aktien kauft.

„Was sind denn Aktien?", fragt Marcel nach.
Sandra kann es ihm erklären, denn sie kennt sich mit Aktien gut aus.
„Aktien sind Anteile an einer Firma, die man kaufen kann. Die Besitzer der Firma verkaufen Aktien zum Beispiel, um keinen Kredit aufnehmen zu müssen, aber trotzdem Geld für neue Anschaffungen zu bekommen. Dafür sind sie bereit, ihren Gewinn mit dem Käufer der Aktien zu teilen."

Das möchte Marcel genauer wissen und fragt Sandra, ob Aktien dann nicht das Gleiche sind wie die Anleihe von Jessica.
„Nein, das sind zwei verschiedene Produkte, um Geld anzulegen. Während die Anleihe nach einer festen Zeit endet und der Käufer der Anleihe das Recht darauf hat, sein ganzes Geld wiederzubekommen, gibt es bei

der Aktie kein festes Ende. Man kann sie so lange behalten, wie man möchte. Dafür kann man aber auch nicht sicher sein, dass man sein Geld, das man für die Aktie ausgegeben hat, wiederbekommt.

Wenn man eine Aktie kauft, hat sie einen bestimmten Wert, zum Beispiel 10,00 Euro.

Wenn die Firma erfolgreich ist und wenn viele Leute diese Aktie kaufen wollen, wird die Aktie mehr wert, zum Beispiel 15,00 Euro. Das heißt der Wert der Aktie ist gestiegen und der Käufer der Aktie kann die Aktie „mit Gewinn" verkaufen, denn er kann die Aktie jetzt zu einem höheren Preis verkaufen (15,00 Euro) als er sie gekauft hat (10,00 Euro).

Wenn die Firma nicht erfolgreich ist und wenn nur noch wenige Leute diese Aktie kaufen wollen, wird die Aktie weniger wert, zum Beispiel 5,00 Euro. Das heißt, der Wert der Aktie ist gesunken. Würde der Käufer der Aktie seine Aktie jetzt verkaufen, würde er „Verlust machen". So nennt man es, wenn man die Aktie zu einem niedrigeren Preis verkauft (5,00 Euro) als man sie gekauft hat (10,00 Euro).

Aber der Käufer muss die Aktie ja nicht verkaufen. Er kann sie behalten und so lange in seinem Depot liegen lassen, bis die Firma wieder erfolgreich ist und der Wert der Aktie wieder steigt. Wenn er sie nicht verkauft, macht er auch keinen echten Verlust."

Jetzt schwirren aber viele Fragen in Marcels Kopf. Er möchte wissen, was ein „Depot" ist und ob man denn bei Aktien auch Zinsen bekommen kann.

„Das Depot ist ein besonderes Konto für Wertpapiere. Aktien und Anleihen sind zum Beispiel Wertpapiere.

Früher haben die Leute all ihre Wertpapiere auf einem richtigen Blatt Papier bekommen, heute ist es üblicher, die Wertpapiere elektronisch in einem Depot zu haben.

Ein Wertpapier zu haben bedeutet, dass dir etwas Bestimmtes zusteht. Bei der Anleihe steht dir zu, dass du am Ende dein Geld zurückbekommst und dass du die vereinbarten Zinsen erhältst. Bei der Aktie steht dir zu, dass die Firma ihren Gewinn mit dir teilt. Wertpapiere sind also Nachweise, dass du ein Recht auf etwas hast. Mein Depot habe ich bei der Bank eröffnet, bei der ich auch mein Girokonto habe. Man kann ein Depot aber auch bei einer anderen Bank oder online eröffnen. Wenn man Aktien kaufen möchte, braucht man ein Depot."

Marcel hakt nach, wie es denn nun mit den Zinsen bei Aktien aussieht.

Seine Schwester klärt ihn auf.

„Bei Aktien gibt es auch so etwas wie Zinsen, nur nennt man es nicht Zinsen sondern „Dividende". Die Dividende ist das Geld, dass die Firma an alle zahlt, die Aktien von dieser Firma gekauft haben. Wie hoch die Dividende ist, wird jedes Mal neu entschieden. Dazu lädt die Firma all ihre Aktienbesitzer zu sich ein und dort beschließen sie gemeinsam, ob die Firma eine Dividende bezahlen soll und wie hoch diese sein wird. Das Zusammentreffen, zu dem die Firma einlädt, nennt man „Hauptversammlung". Die Firma ist verpflichtet, ihre Aktienbesitzer einzuladen und zu informieren.

Wenn festgelegt wurde, wie hoch die Dividende dieses Jahr sein soll, muss die Firma das Geld an alle Aktienbesitzer bezahlen.

Dabei ist wichtig, wie viele Aktien man von der Firma gekauft hat.

Ich besitze zum Beispiel zehn Aktien von der Lippenstift AG und es wurde eine Dividende von 4,00 Euro pro Aktie festgelegt, deshalb muss mir die Lippenstift AG in diesem Jahr 40,00 Euro bezahlen. Damit hat die Lippenstift AG ihren Gewinn mit mir geteilt. Je mehr Aktien ich habe, desto mehr Gewinn muss die Firma mit mir teilen, dazu ist sie verpflichtet."

Zweifelnd zieht Marcel seine Augenbrauen zusammen.

„Heißt das, bei der Hauptversammlung könnten sich die Aktienbesitzer auch dafür entscheiden, dass die Firma keine Dividende bezahlen muss?"

Sandra nickt.

„Genau, wenn die Firma teure Pläne hat, zum Beispiel eine große, moderne Maschine zu kaufen, die noch mehr Lippenstifte produzieren kann, dann wird das Geld in dem Jahr knapp. Die Aktienbesitzer können dann auf eine Dividende in diesem Jahr verzichten, damit die Maschine gekauft werden kann. Sie gehen dann natürlich davon aus, dass die Lippenstift AG noch mehr Lippenstifte produzieren und verkaufen kann, und dass die Firma noch mehr Gewinn macht. Dann könnte ihre Dividende im nächsten Jahr höher sein als erwartet und vielleicht steigt sogar noch der Wert der Aktie."

Das leuchtet Marcel ein.

„Woher weiß ich denn, wie viel eine Aktie wert ist?"

Sandra greift nach ihrem Handy.

„Du kannst die Aktie im Internet suchen, dort wird dir die Firma und der Wert ihrer Aktie angezeigt. Alternativ kannst du auch in jede Bank gehen, dort hängen oft Übersichten zu Aktien aus."

Sie ruft im Internet die Aktienseite der Lippenstift AG auf und zeigt sie ihrem Bruder.

„Sieh mal, das Diagramm hier nennt man Aktienchart, da kannst du eine Linie sehen, die immer mal wieder hoch und runter geht. An jedem Werktag, also von Montag bis Freitag, wird der Wert einer Aktie errechnet und in dieses Diagramm eingetragen. Daran kannst du sehen, ob der Wert der Aktie in den letzten Monaten und Jahren eher gestiegen oder gesunken ist. Den Verlauf des Wertes einer Aktie nennt man „Kurs". Deshalb wird in den Börsennachrichten auch meistens von steigenden und fallenden Kursen berichtet, gemeint ist damit die Entwicklung des Wertes einer Aktie."

Marcel nickt, er weiß jetzt was eine Aktie ist und dass es bei Aktien keine Zinsen gibt, sondern eine Dividende. Außerdem weist Sandra ihn darauf hin, nur Aktien von einer Firma zu kaufen, über die man sich gut informiert hat. Man muss wissen, dass der Wert einer Aktie mal höher und mal niedriger sein kann, und man nicht zu jeder Zeit seine Aktien verkaufen sollte, weil man dann Verlust macht.

Jasmin hat auch aufmerksam zugehört und schließt sich Sandra an.
„Ich finde auch, dass Aktien eine gute Möglichkeit zum Geld anlegen sind, aber ich möchte nicht nur von einer

Firma Aktien kaufen, sondern von vielen. Denn wenn eine der Firmen lange Zeit nicht erfolgreich ist, habe ich immer noch die Chance, dass eine oder mehrere andere Firmen erfolgreich sind und Gewinn machen."

Das überrascht Marcel, denn er hat gehört, dass Jasmin neben der Schule auch in dem Kosmetikladen mit Sandra arbeitet und dazu noch oft mit Jessica im Sportverein trainiert. Er möchte von ihr wissen, wann sie bei all den Aktivitäten die Zeit findet, sich über die vielen Firmen und Aktien zu informieren.
Jasmin lächelt.
„Du hast recht, ich habe wirklich viel zu tun. Deshalb habe ich mich dazu entschieden, mein Geld ein bisschen anders aufzuteilen als Sandra. Auch ich lasse 100,00 Euro auf meinem Girokonto und spare jeden Monat 200,00 Euro auf meinem Tagesgeldkonto, um Zinsen zu bekommen. Aber im Gegensatz zu Sandra habe ich mich für einen Aktienfonds als Geldanlage entschieden."

Über Aktien hat Marcel jetzt schon eine Menge erfahren, aber von einem „Aktienfonds" hat er noch nie gehört. Jasmin kann es ihm erklären.
„Einfach gesagt, ist ein Aktienfonds ein großer Korb mit Aktien von verschiedenen Firmen darin. Manche Menschen möchten an möglichst vielen Firmen beteiligt sein und etwas von deren Gewinnen abbekommen, haben aber nicht so viel Geld zur Verfügung. Deshalb legen sie ihr Geld zusammen und geben es jemandem, der von diesem Geld Aktien kauft und sie in den Fonds legt. Wenn die Aktienkurse steigen, steigt auch

der Wert des Fonds. Wenn die Aktienkurse sinken, sinkt auch der Wert des Fonds."

Marcel ist interessiert und möchte von Jasmin wissen, wie denn nun die Aktien genau in den Korb kommen. Das weiß Jasmin.
„Ein Verwalter übernimmt die Aufgabe, die Firmen und ihre Geschäfte zu beobachten. Man nennt ihn auch „Fondsmanager".
Er kann dann von erfolgreichen Firmen Aktien in den Korb legen, also Aktien kaufen, und die Aktien von erfolglosen Firmen aus dem Korb herausnehmen, also die Aktien verkaufen.
Das macht er mit dem Geld, das ich und andere Leute in den Aktienfonds einzahlen. Wir bezahlen den Verwalter auch dafür, dass er sich jeden Tag um den Korb kümmert und geben ihm einen kleinen Teil unseres eingezahlten Geldes.
Dafür müssen wir uns nicht um den Korb und die Aktien kümmern, wir können uns auf andere Dinge konzentrieren."

Da wird Marcel skeptisch und fragt, ob der Verwalter dann nicht einfach das viele Geld nehmen und damit weglaufen könnte.
Jasmin lacht und klärt ihn auf.
„Nein, der Verwalter bekommt mein Geld und auch das der anderen Leute nie in die Hände. Das Geld geben wir einer sogenannten „Depotbank", die aufpasst, dass niemand unrechtmäßig an unser Geld geht. Der Verwalter sagt der Depotbank, welche Aktien sie kaufen und welche sie verkaufen muss, damit der

Aktienkorb, also der Aktienfonds, erfolgreich bleiben kann. Das macht die Depotbank dann auch. Außerdem gibt sie dem Verwalter seine Bezahlung von uns weiter und achtet darauf, dass alle Gesetze und Regeln eingehalten werden."

Marcel überlegt kurz, denn er fragt sich, was wohl passieren mag, wenn der Verwalter sich mal falsch entscheidet. Verliert Jasmin nicht ihr Geld, wenn der Wert ihres Aktienfonds sinkt?
Sie kann es ihm sagen.
„Ich kann mein Geld vor allem dann verlieren, wenn der Fonds gerade schlecht läuft und ich in dieser Zeit meine Teile des Fonds verkaufe. Ob mein Aktienfonds im Moment erfolgreich ist oder nicht, ändert ja nichts an der Menge der Teile, die ich bis jetzt schon vom Aktienkorb gekauft habe. Mit ein bisschen Geduld kann der Korb vom Verwalter wieder gut geordnet werden und der Wert von meinen Korbanteilen steigt wieder. Wenn der Verwalter mehrmals schlechte Entscheidungen trifft, kann man ihn auch austauschen und einen neuen Verwalter einstellen."

Jetzt möchte Marcel natürlich noch wissen, ob man bei einem Aktienfonds auch Zinsen bekommen kann.
„Da gibt es verschiedene Möglichkeiten. Beim Aktienfonds werden auch die Gewinne aufgeteilt, so ähnlich wie bei den Aktien, diese heißen aber nicht Zinsen. Die Höhe der Gewinne ist immer unterschiedlich. Sie werden vom Verwalter berechnet, zum Beispiel wenn Aktien für mehr Geld verkauft werden konnten als man sie vorher gekauft hat. Außerdem bezahlen die

meisten Firmen an ihre Aktienbesitzer einmal im Jahr eine Dividende. Auch die landet im Korb bei unseren Aktien. Der Verwalter rechnet aus, wie viel jeder, dem ein Teil des Korbs, also des Aktienfonds, gehört, vom Gewinn abbekommt.

Je nachdem wie viele Teile des Fonds mir gehören, bekomme ich meinen Teil vom Gewinn.

Wenn mir 20 Stücke gehören, so nennt man die Teile eines Fonds, und der Gewinn 3,00 Euro pro Stück beträgt, zahlt mir die Depotbank 60,00 Euro.

Wenn der Fonds „ausschüttender Fonds" genannt wird, bekomme ich die 60,00 Euro auf mein Girokonto.

Wenn der Fonds „thesaurierender Fonds" genannt wird, werden für meine 60,00 Euro automatisch neue Stücke vom Aktienfonds gekauft. Über mehrere Jahre kann ich so meinen Anteil am Korb und damit am Gewinn, der mir zusteht, schneller erhöhen."

„Kann es dann auch, wie bei den Aktien dazu kommen, dass in einem Jahr keine Gewinne an die Korbbesitzer abgegeben werden?", fragt Marcel.

Jasmin nickt.

„Ja, das kann auch passieren, zum Beispiel wenn es keinen Gewinn gibt. Wenn bei meinem Aktienfonds keine Aktien für mehr Geld verkauft werden konnten als sie gekauft wurden, ist hier zum Beispiel kein Gewinn entstanden. Wenn kein Gewinn entsteht, kann er auch nicht an die Fondsbesitzer abgegeben werden."

Das versteht Marcel. Er hat aber noch eine ganz andere Frage.

„Sag mal Jasmin, gibt es auch einen Korb für Anleihen? Dann könnte Jessica nicht nur die Anleihe von der Wintersport GmbH kaufen, sondern auch von anderen Firmen."

„Oh ja, es gibt ganz viele verschiedene Arten von Fonds.", bestätigt Jasmin.

„Jessica könnte auch in einen Fonds sparen, der Anleihen in den Korb legt. Sie würde dann Anteile an einem „Rentenfonds" kaufen, so nennt man den Fonds, wenn im Korb vor allem Anleihen enthalten sind. Da hat sie dann keinen festen Zeitpunkt mehr, an dem sie ihr Geld zurückbekommt und sie hat auch keinen Anspruch darauf, am Ende ihre 2000,00 Euro wiederzubekommen. Sie könnte dafür selbst entscheiden, wann sie ihre Anteile am Fonds verkaufen möchte.

Wenn sie die Anteile verkauft und der Fonds gerade erfolgreich ist, kann sie mehr als 2000,00 Euro für ihre Anteile bekommen und hat damit Gewinn gemacht.

Wenn sie die Anteile verkauft und der Fonds gerade nicht erfolgreich ist, kann es passieren, dass sie weniger als 2000,00 Euro für ihre Anteile bekommt. Dann hat sie Verlust gemacht.

Wenn sie sich für einen solchen Fonds entscheidet, sollte sie deshalb immer Geduld haben und sich die Zeit nehmen, auf einen guten Zeitpunkt zum Verkaufen zu warten."

Marcel versteht nun, was ein Fonds ist und dass es verschiedene Arten von Fonds gibt. Jasmin gibt ihm auch den Hinweis, dass man sich vor dem Kauf gut über den Fonds informieren sollte und dass man manchmal eine

Zeit lang warten muss, bevor man seine Fondsanteile verkauft, damit man keinen Verlust macht.

Während er über alles nachdenkt, was er heute über die verschiedenen Möglichkeiten zum Geld anlegen gelernt hat, sind die Mädchen wieder beim Thema Herbstmode angekommen. Dieses Thema interessiert Marcel nun wirklich nicht, deshalb geht er lieber in sein Zimmer und zockt.

Nach einigen Stunden wird Marcel bei seinem Spiel unterbrochen, denn es ist Abendbrotzeit. Als er in die Küche kommt, sieht er, dass sich seine ganze Familie schon am Esstisch versammelt hat. Seine Eltern und Sandra sitzen schon auf ihren Stühlen. Mittlerweile ist auch Marcels großer Bruder Benjamin von der Arbeit nach Hause gekommen und schenkt sich gerade ein Glas Limo ein. Vor ein paar Monaten hat Benjamin seine Ausbildung bei der örtlichen Bausparkasse abgeschlossen und berät nun seine eigenen Kunden.

Marcel nimmt auf seinem Stuhl Platz und stellt fest, dass auch in dem Wort „Bausparen" das Wort „Sparen" steckt. Ob man da vielleicht auch Zinsen bekommen kann?
Er spricht Benjamin darauf an und sein Bruder nickt.
„Ja, beim Bausparen kann man auch Zinsen bekommen. Aber wie kommst du denn darauf?"

Marcel erzählt Benjamin, was er heute über Konten, Zinsen und andere Möglichkeiten zur Geldanlage gelernt hat. Schließlich möchte er sich bald das neue Spiel für seine Konsole kaufen und mit Zinsen bekommt er die 70,00 Euro dafür schneller zusammen.

Benjamin grinst.
„Zum Sparen für dein Konsolenspiel ist das Bausparen eher nicht geeignet. Hier geht es vor allem um Wohnungen, Häuser und Grundstücke.
Ich habe zum Beispiel einen anderen Wunsch als ein Konsolenspiel. Ich möchte mit 35 Jahren in mein Traumhaus einziehen. Das kostet viel Geld und

deshalb muss ich viel sparen. Dabei helfen mir Zinsen natürlich auch weiter. Wenn ich mit 35 Jahren das Haus kaufen will, habe ich noch 15 Jahre Zeit zum Sparen. Bei 100,00 Euro im Monat sind das gerade mal 18.000,00 Euro ohne Zinsen. Davon kann ich mir mein Traumhaus leider nicht kaufen."

„Wie kann dir dann dein Bausparvertrag weiterhelfen?", will Marcel wissen.

Benjamin erklärt es ihm.

„Wenn man einen Bausparvertrag abschließt, legt man mit der Bausparkasse eine sogenannte „Bausparsumme" fest. Eine Bausparsumme besteht aus zwei Teilen. Am Anfang wird festgelegt, wie viel Geld ich jeden Monat sparen kann und wie lange. Ich kann jeden Monat 100,00 Euro sparen und das 15 Jahre lang. Daraus wird dann mein „Sparanteil" errechnet.

Ein Teil der Bausparsumme ist mein Sparanteil, das sind ohne Zinsen und Kosten ungefähr 18.000,00 Euro. Der andere Teil der Bausparsumme ist ein sogenanntes „Darlehen". Das ist Geld, das mir die Bausparkasse gibt und das ich in kleineren Teilen nach und nach an die Bausparkasse zurückgeben muss.

Wenn die Bausparkasse und ich uns darauf einigen, dass die Höhe des Darlehens genauso hoch sein soll wie mein Sparanteil, gibt mir die Bausparkasse also nochmal 18.000,00 Euro zu meinen gesparten 18.000,00 Euro dazu. Das sind dann ohne Zinsen und Kosten ungefähr 36.000,00 Euro.

Meine Bausparsumme beträgt dann also 36.000,00 Euro. Ich habe dann also in 15 Jahren nicht nur

18.000,00 Euro, sondern 36.000,00 Euro zur Verfügung, um mir mein Traumhaus zu kaufen."

„Reicht das denn für dein Traumhaus?", fragt Marcel.
Bedauernd schüttelt Benjamin den Kopf.
„Leider nicht, da muss ich noch ein bisschen mehr Geld sparen und anlegen. In 15 Jahren muss ich mir dann eine große Summe Geld leihen, die ich in kleinen Teilen, sogenannten „Raten", wieder zurückgeben muss."

„Also brauchst du noch ein Darlehen?", überlegt Marcel.
Da nickt Benjamin.
„Wenn ich in 15 Jahren nicht super reich bin, werde ich wohl noch ein Darlehen aufnehmen müssen. Allerdings gibt es bei einem Darlehen auch Zinsen, nur dass ich nicht die Zinsen bekomme, sondern die Zinsen an jemanden zahlen muss, zum Beispiel an eine Bank.
Leider weiß ich heute noch nicht, wie viel Zinsen ich der Bank in 15 Jahren bezahlen muss, die können sich nämlich immer ändern.
Deshalb kann ich immerhin mit der Bausparkasse für das Darlehen, dass sie mir geben wird, im Bausparvertrag die Zinsen festlegen. Dann weiß ich heute schon, was ich in 15 Jahren bezahlen muss. Wenn ich Glück habe, sind die Zinsen, die ich heute festlege, niedriger als die Zinsen in 15 Jahren."

„Was ist, wenn du wirklich super reich geworden bist und gar kein Darlehen brauchst?", fragt Marcel hoffnungsvoll.
Benjamin lächelt.

„Wenn ich wirklich super reich bin, muss ich das Darlehen von der Bausparkasse nicht annehmen. Ich kann dann entweder meinen Bausparvertrag kündigen und mit meinem gesparten Geld machen, was ich will. Oder ich nehme das Geld wirklich für den Kauf meines Traumhauses, denn dann bekomme ich vom Staat noch ein bisschen Geld dazu. Das zu erklären, würde jetzt aber zu weit führen."

„Was ist, wenn du aber plötzlich weniger Geld hast und nicht mehr 100,00 Euro sparen kannst, sondern nur noch 10,00 Euro im Monat?"
„Dann sage ich meiner Bausparkasse, dass sie jetzt nur noch 10,00 Euro von meinem Konto abbuchen soll. Das geht ganz leicht mit einer Unterschrift zum nächsten Monat. Allerdings dauert es dann viel länger, bis ich den vereinbarten Sparanteil von 18.000,00 Euro erreicht habe, nämlich über 50 Jahre. Deshalb sollte man versuchen, nach einer kurzen Zeit wieder etwas mehr zu sparen."

Marcel will wissen, was genau passiert, wenn sein Bruder die vereinbarten 18.000,00 Euro fertig gespart hat. Das weiß Benjamin.
„Sobald ich meinen Sparanteil erreicht habe, fragt mich die Bausparkasse, ob ich jetzt die sogenannte „Zuteilung" annehmen möchte. Bei der Zuteilung muss die Bausparkasse schauen, ob sie gerade genug Geld für alle Leute hat, die gleichzeitig mit mir ein Darlehen von der Bausparkasse haben wollen. Wenn genug Geld da ist, kann ich mein Darlehen schnell bekommen. Wenn gerade sehr viele Leute gleichzeitig

ein Darlehen haben wollen und nicht genug Geld da ist, muss die Bausparkasse prüfen, wem sie zuerst ein Darlehen geben kann und wer noch ein bisschen auf sein Darlehen warten muss.

Wenn ich die Zuteilung annehme, gehöre ich auch zu den Leuten, die gleich ein Darlehen haben möchten.

Ich kann aber auch ablehnen, wenn ich das Darlehen noch nicht gleich haben möchte. Vielleicht habe ich mich entschieden, mein Traumhaus doch erst mit 40 Jahren zu kaufen. Dann kann ich auch über die 18.000,00 Euro hinaus weitersparen, an der Bausparsumme ändert sich dadurch nichts. Ich kann mein Darlehen dann später annehmen, wenn ich es brauche."

„Ich verstehe jetzt, warum du einen Bausparvertrag abgeschlossen hast. Aber erkläre mir doch bitte, warum dann Onkel Paul einen Bausparvertrag abgeschlossen hat. Der hat doch schließlich schon ein Haus.", wundert sich Marcel.

„Der Bausparvertrag kann für mehr genutzt werden als zum Kaufen eines Hauses. Er kann zum Beispiel auch zum Kaufen eines Grundstücks oder einer Eigentumswohnung abgeschlossen werden. Oder zum Sanieren und Modernisieren, wenn zum Beispiel alte Fenster oder alte Rohre ausgetauscht werden müssen, weil sie nicht mehr gut sind. Das Haus von Onkel Paul ist schon über 50 Jahre alt, da muss er regelmäßig Dinge erneuern und manche Dinge an einem Haus sind sehr teuer. Damit Onkel Paul dafür nicht das ganze Geld von seinem Konto nehmen muss, hat er einen Bausparvertrag abgeschlossen, so hat er nicht nur sein gespartes Geld, sondern auch das Darlehen, wenn er etwas Teures an seinem Haus erneuern muss."

Marcel hat nun verstanden, was ein Bausparvertrag ist und warum Benjamin einen für sein zukünftiges Traumhaus abgeschlossen hat. Für Marcels eigenes Vorhaben, das neue Spiel für seine Konsole zu kaufen, ist ein Bausparvertrag aber leider nicht das Richtige. Er räumt seinen Teller in die Spülmaschine und wünscht seiner Familie eine gute Nacht.

Als Marcel am nächsten Morgen zum Frühstück erscheint, sitzt seine Familie schon gemütlich beisammen. Das freut ihn, denn er hat eine wichtige Entscheidung zu verkünden.

„Liebe Familie, nachdem ihr mir gestern so viel über die Möglichkeiten zum Geld anlegen erzählt habt, habe ich mich entschieden. Ich möchte, wie Sandra, ein Tagesgeldkonto eröffnen und jeden Monat meine 10,00 Euro darauf sparen. Dort bekomme ich Zinsen und kann jederzeit das Geld auf mein Girokonto schicken, wenn ich es brauche. Davon kann ich mir dann das neue Spiel kaufen."

Marcels Familie ist einverstanden. Seine Mutter will ihm helfen, das Tagesgeldkonto zu eröffnen und erzählt ihm, dass er dann am besten auch gleich einen Freistellungsauftrag stellt. Alle nicken, aber Marcel versteht nur Bahnhof.

Sein Vater erklärt es ihm.
„Wenn man Zinsen bekommt, muss man dafür Steuern bezahlen. Die Steuer heißt dann „Abgeltungssteuer".
Es ist aber erlaubt, für Zinsen dann keine Steuern zu zahlen, wenn die Zinsen 801,00 Euro nicht übersteigen. Wenn du zum Beispiel 10,00 Euro Zinsen für das Geld auf deinem Tagesgeldkonto bekommst, brauchst du dafür keine Steuern zu bezahlen.
Weil deine Bank die Steuern aber automatisch an das Finanzamt überweist, muss du ihr vorher sagen, dass du einen Freistellungsauftrag bei ihr stellen möchtest.

Dann weiß die Bank, dass sie für deine Zinsen keine Steuern an das Finanzamt schicken soll, solange deine Zinsen nicht höher sind als 801,00 Euro."

Sandra nickt, auch sie hat einen Freistellungsauftrag gestellt, denn für die Dividenden ihrer Aktie müsste sie sonst auch Steuern bezahlen.
„Überall, wo du dein Geld anlegst und noch Geld dazubekommst, musst du einen Freistellungsauftrag stellen, wie zum Beispiel bei Zinsen, Dividenden und Gewinnen bei Fonds."

Seine Mutter hat inzwischen schon das Formular von Marcels Bank ausgedruckt, mit dem man einen Freistellungsauftrag stellen kann.
„Weil du noch nicht volljährig bist, müssen Papa und ich den Freistellungsauftrag mit dir zusammen unterschreiben. Außerdem brauchen wir für den Auftrag deine „Steuer-Identifikationsnummer". Das ist eine Steuernummer, die jeder Deutsche automatisch bekommen hat.
Wenn du deine eigene Nummer nicht kennst, kannst du auf der Homepage vom Bundeszentralamt für Steuern online darum bitten, dass sie dir die Nummer nochmal zuschicken. Nach ein paar Wochen bekommst du sie dann kostenlos per Brief."

„Was passiert denn, wenn ich vergesse, einen Freistellungsauftrag zu stellen?", will Marcel wissen.
Sandra weiß es.
„Wenn du den Auftrag nicht stellst, wird dir Geld von deinen Zinsen abgezogen. Neben der

Abgeltungssteuer, die aktuell 25% hoch ist, gibt es noch den Solidaritätszuschlag, der 5,5 % hoch ist und für Menschen, die kirchensteuerpflichtig sind, gibt es noch die Kirchensteuer mit 8% bis 9%.

Die Kirchensteuer und der Solidaritätszuschlag sind von der Höhe der Abgeltungssteuer abhängig.

Wenn jemand 100,00 Euro Zinsen bekommt, werden ihm 25,00 Euro Abgeltungssteuer, 1,38 Euro Solidaritätszuschlag und bei 9% Kirchensteuer noch 2,25 Euro abgezogen.

Er bekommt dann also nicht 100,00 Euro Zinsen auf sein Konto, sondern nur 71,37 Euro, wenn er keinen Freistellungsauftrag stellt."

„Das sind ja 28,63 Euro weniger, die er dann bekommt.", ruft Marcel aus.

Seine Familie stimmt ihm zu. Da holt Marcel ganz schnell freiwillig einen Briefumschlag und eine Briefmarke, damit er das ausgefüllte Formular so bald wie möglich zur Bank schicken kann.

Sein Vater ergänzt noch, dass die Mutter und er einen Freistellungsauftrag zusammen haben, weil sie verheiratet sind. Sie haben deshalb gemeinsam 1.602,00 Euro frei für ihre Zinsen. Wenn er mehr als 801,00 Euro Zinsen bekommen würde, aber die Mutter weniger, könnte sie ihm erlauben, etwas mehr vom Freistellungsauftrag zu benutzen.

„Dann würde man mir auch bei 900,00 Euro Zinsen keine Steuern abziehen."

„Wie oft muss ich denn meiner Bank Bescheid sagen, dass sie mir keine Steuern von meinen Zinsen abziehen soll?", will Marcel wissen.
„Das musst du nur einmal machen. Dann gilt der Freistellungsauftrag solange, bis du etwas ändern willst.", weiß sein Vater.

Marcel nickt.
„Gut, dann möchte ich ein Tagesgeldkonto eröffnen, jeden Monat 10,00 Euro sparen und einen Freistellungsauftrag stellen. Dann steht dem neuen Spiel für meine Konsole nun nichts mehr im Weg. Gebt mir doch schon mal mein Taschengeld, damit ich endlich mit dem Sparen anfangen kann!"

Nachwort

Liebe Erwachsene,

ich hoffe, dass Ihnen und Ihren Kindern das Buch gefallen hat. Dieses Buch soll als ein erster Grundstein dienen, um Kindern und Jugendlichen ein erstes Verständnis zum Thema Geld sparen und anlegen zu ermöglichen. Mein Wunsch ist es, dass sie danach weiterführende Fragen stellen und eigene Überlegungen anstellen können. Jeder Schritt zur finanziellen Eigenverantwortung und das Einschätzen von Sinnhaftigkeit und Risiken jeder Geldanlage kann junge Menschen meiner Meinung nach in ein Leben mit einer gesunden Beziehung zu Geld führen. Allem voran sind sie nicht den Ansichten oder Erfahrungen anderer Menschen zu diesem Thema ausgeliefert, sondern können sich ihr eigenes Bild und später ihre eigenen Erfahrungen machen.

Das Buch ist aus meinem privaten Interesse entstanden und hat keine Beziehung zu Unternehmen oder irgendwelchen bestimmten Produkten. Diese Unabhängigkeit war und ist mir zur Erfüllung meines oben genannten Wunsches wichtig.

Zum besseren Verständnis wurden die Beschreibungen kindgerecht vereinfacht. Möglicherweise entsprechen sie durch die leichtere Sprache nicht immer exakt den juristischen oder wirtschaftlichen Definitionen aus dem Lehrbuch. Bitte sehen Sie es Ihren Kindern zu Liebe nicht zu eng.

Diese Geschichte stellt zudem keine Form der Beratung, der Empfehlung oder der Bewertung der im Buch beschriebenen Anlagemöglichkeiten dar. Ebenso sind alle Personen und Firmen frei erfunden.

Ich bedanke mich herzlich für Ihr Interesse!

Für Fragen oder Feedback freue ich mich über Ihren Besuch auf meiner Homepage melinajipp.de.